CET OPUSCULE N'EST POINT DANS LE COMMERCE.

L'ERMITE D'AUTEUIL

(DE LA LIBERTÉ)

PAR

Claude-Charles CHARAUX

Professeur de philosophie à la Faculté des Lettres,
Université de Grenoble.

GRENOBLE

—

1895

—

L'ERMITE D'AUTEUIL

(DE LA LIBERTÉ)

PAR

Claude-Charles CHARAUX

Professeur de philosophie à la Faculté des Lettres,
Université de Grenoble.

❦

GRENOBLE

—

1895

—

Grenoble, imprimerie F. ALLIER PÈRE ET FILS,
Cours Saint-André, 26.

L'ERMITE D'AUTEUIL

OCTOBRE 1888

« Ne viendrez-vous jamais visiter l'ermite d'Auteuil? » — « N'oubliez pas, à votre premier voyage à Paris, de venir demander à déjeuner à l'ermite d'Auteuil. » — « L'ermite d'Auteuil vous attend avec impatience. »

C'est par ces appels affectueux, et de plus en plus pressants, que se terminaient toutes les lettres de mon ancien et excellent professeur de philosophie au Collège Sainte-Barbe. Nos séjours à Paris étant rares et de courte durée, je fus longtemps sans pouvoir y répondre au gré de mon désir. C'est seulement en 1888, tout au commen-

cement d'octobre, que, disposant d'une journée
entière, je pris, huit heures sonnant à l'horloge
du Luxembourg et à la chapelle des Carmes, la
route d'Auteuil où j'étais attendu. De la rue Cas-
sette à la rue Molitor le chemin ne laisse pas
d'être long, plus long surtout que je ne me l'étais
figuré, ces quartiers m'étant peu connus, et mes
explorations n'ayant guère dépassé, même quand
j'habitais Paris et l'École normale, l'ancien bois
de Boulogne avec ses allées sablonneuses et ses
arbres rabougris. Toutefois je n'en voulus pas
avoir le démenti, et réservant pour le retour ba-
teau à vapeur et tramway, je partis à pied, fer-
mement résolu d'arriver à pied jusqu'au terme
de ma course. Que faire, durant cet interminable
trajet, sinon penser comme pensait ou songeait
en son gîte le lièvre de La Fontaine, la marche
rapide et le repos produisant, chose étrange, les
mêmes effets. Mais non, me dis-je, ce qui provo-
que la pensée c'est, non la marche ou le repos,
mais bien plutôt la solitude, l'homme ayant
comme une disposition constante à s'entretenir
avec d'autres hommes, et, quand ils lui font dé-
faut, avec lui-même; et c'est précisément, dans
le cas de notre lièvre et dans le mien, ce qu'on
nomme penser qui se réduit souvent à songer.

Puis ces pensées que je ne prétendais nullement
à diriger, mais que je laissais courir çà et là au

gré de leur caprice, de me conduire droit à Boileau et à son jardin d'Auteuil. Je m'étonnais d'en
avoir retenu si peu de chose et de revenir, sans
pouvoir les dépasser, à l'*if et au chèvre-feuille*
qui font tout juste un demi-vers de l'épître apprise
par cœur dans ma jeunesse. Peu à peu l'idée prin-
cipale finit par me revenir avec assez de précision : la voici. Poète et jardinier travaillent, chacun à sa manière, et le plus occupé, le plus tour-
menté des deux, c'est encore celui qui s'efforce
de poursuivre des rimes, d'enchaîner des pensées
et de les accommoder, pour cette fois, à l'humble
intelligence de son jardinier. Il se fatigue, il se
lasse, il abandonne, puis il reprend son bizarre
dessein; il ajoute, il retranche, il polit. Dieu! que
de travail, quel pénible effort, quelle persévé-
rance pour arriver à écrire une centaine de vers;
— il est vrai qu'on les lira toujours, — et pour
démontrer à qui ne le demandait pas que

> ....le travail, à l'homme nécessaire,
> Fait sa félicité plutôt que sa misère.

Ces deux vers y sont bien, me dis-je intérieure-
ment, c'est leur vraie place; ils sont trop de cir-
constance pour n'y être pas. Et moi qui, par je ne
sais quelle illusion, et peut-être aussi à cause
d'une légère imperfection de la rime, avais fini
par les attribuer à Voltaire!

De Voltaire à Helvétius, d'Helvétius à sa femme, l'aimable et généreuse Mademoiselle de Graffigny, la route est aisée, d'autant qu'on ne sort point d'Auteuil. Cette fois, ce n'est plus un jardin, c'est un cénacle, une façon de petite église ouverte seulement à quelques savants, économistes, médecins, philosophes, Cabanis, Condorcet, d'Holbach, Destutt de Tracy. La maîtresse du logis préside, mais n'intervient pas. On ne discute d'ailleurs que sur les détails, car on est d'accord sur les principes. Un jeune homme écoute, silencieux, respectueux, aux trois-quarts convaincu par ces beaux discours que toutes les idées viennent des sens, que l'âme elle-même, à supposer qu'elle existe, — plusieurs membres de la petite société d'Auteuil sont loins d'en être certains; — est en tout ceci, absolument passive. Elle reçoit sans cesse et ne donne rien, car d'elle-même elle n'a rien; elle ne possède que ce que les sens lui ont apporté. En résumé, elle est leur ouvrage, ils l'ont faite et c'est par eux qu'elle vit. Ce jeune homme, simple garde-du-corps, Maine de Biran[1],

---

, [1] 1766-1824, métaphysicien aussi savant dans ses observations que profond dans ses réflexions. Nous devons à M. François Naville et surtout à son fils, M. Ernest Naville, professeur de philosophie à l'Université de Genève, l'édition la plus complète et la meilleure de ses œuvres.

pour l'appeler par son nom, commence par dou-
ter faiblement des choses que ses amis lui avaient
enseignées. De jour en jour, l'observation et la
réflexion aidant, le doute grandira, et l'âme atten-
tive à elle-même retrouvera, un à un, tous
les attributs dont on l'avait dépouillée. Elle se
sentira vivre, agir, vouloir, et, dans cette volonté
même, en l'analysant, en l'observant avec plus
de soin, elle découvrira, — ce que n'ont pu faire
les stoïciens, — le principe premier et l'auxiliaire
aussi fidèle que discret de notre libre volonté,
toujours prêt à répondre à sa prière et à l'assister.
Sensualiste à Auteuil, sous l'influence de Cabanis
et de ses amis, Maine de Biran, maître enfin de
lui-même et de sa pensée par un long travail intérieur, deviendra spiritualiste d'abord et bientôt
chrétien. Ce n'est plus l'effort de Boileau, encore
moins celui de son jardinier, mais c'est toujours
l'effort, et, dans l'effort de l'être raisonnable, la
liberté.

Je demande pardon au lecteur de lui faire part
ainsi des pensées plus ou moins décousues qui me
viennent à l'esprit durant ma longue étape. Plus
tard, s'il veut bien me suivre, il comprendra
pourquoi celles-là et non pas d'autres, et quel lien
secret les unissait. Il faut pourtant que je l'arrête
encore en face d'une construction étrange, éton-
nante, qu'on élevait alors sur l'autre rive de la
Seine, car j'avais franchi les ponts et pris par la

rive droite. La tour Eiffel était parvenue, du moins
il me parut, à peu près à la moitié de sa hauteur.
Plus de doute ; elle serait achevée au jour dit,
pour l'ouverture de la grande Exposition ; inutile
d'ajouter qu'elle promettait d'en être, sinon le
plus beau, du moins le plus curieux ornement.
Ici nouvelles, mais courtes réflexions. — Non,
tous les savants du monde ne me persuaderont
jamais, — et la plupart d'entre eux, j'en conviens,
n'y songent point, — que la force qui unit entre
elles les molécules du fer à l'état brut et la force
qui les contraint de se combiner pour revêtir ces
formes si diverses, soient une seule et même
force. Celle que dépensent ces ouvriers et dont ils
ralentissent à leur gré ou précipitent l'action, ne
ressemble en rien aux forces invisibles, toujours
égales à elles-mêmes, qui agissent au sein de la
matière. Elle-même n'a que peu de points communs avec la force intérieure, disons le mot, avec
la pensée qui a conçu le plan et réglé d'avance
les moindres détails de ce prodigieux édifice. Il
était tout entier dans l'esprit de son auteur avant
qu'une seule de ces barres de fer eût été forgée.
Ouvriers intelligents, soit, ceux que je vois de
loin si appliqués à leur travail, mais ouvriers di-
rigés par une intelligence bien supérieure à leur
intelligence, car ils ne font que réaliser sous sa
conduite ce qu'elle a pensé. Partout donc et tou-

jours des degrés, et au sommet, le plus haut degré de l'intelligence et de la liberté.

De pensées en pensées, ami lecteur, de quais en quais, car nous allons droit devant nous, sans nous inquiéter des raccourcis, nous arrivons enfin au cœur même d'Auteuil. Dix heures sonnent à l'horloge de l'église élégante et vaste dans laquelle ni Boileau, ni son jardinier ne reconnaîtraient assurément la modeste chapelle où ils allaient, maître et serviteur, entendre la messe et prier ensemble. De l'église à la rue Molitor la distance n'est pas grande : l'air est frais, le soleil tiède, le ciel sans nuages ; les arbres de la longue avenue ont gardé leur parure à peine effeuillée. Interrogeons du regard les villas qui se succèdent sans se ressembler ; cherchons laquelle pourrait bien être l'ermitage où l'on nous attend. Sans nul doute ce n'est point celle-ci qu'entoure un vaste parc aux allées sablées, aux épais ombrages : c'est l'habitation d'un grand seigneur ou d'un riche bourgeois. Cette autre est trop maniérée, trop prétentieuse dans son architecture ; celle de mon ermite doit être simple, de modeste apparence, comme il convient à un philosophe épris de l'*aurea mediocritas*. La voici très probablement, à droite, à cent pas à peine du mur d'enceinte, ce doit être elle. Voyons le numéro : nous y sommes.

Nous ne la décrirons pas, car nous sommes

sur les terres de Boileau, et nous nous souvenons
des traits dont il poursuit la fureur de décrire ;
mal commun de son temps, mais devenu de nos
jours bien plus grave encore et qui n'épargne pas
nos écrivains les plus en renom :

> S'il rencontre un palais, il m'en dépeint la face,
> Il me promène après de terrasse en terrasse...

et la suite, que j'aurais honte de citer ; il est trop
certain que vous la savez par cœur. Ici toutefois
point de palais, point de terrasse, mais ce n'est
pas non plus la chaumière de Philémon et Baucis, dont Ovide et La Fontaine ont embelli, à
l'envi l'un de l'autre, la rustique simplicité. Les
mêmes vertus, dans un âge, grâce à Dieu, beaucoup moins avancé, habitent à l'intérieur, mais
elles n'en sont pas le seul ornement. Si l'ermite
n'a pas bâti lui-même sa maison, du moins est-
elle le fruit de son travail et des économies d'une
vie aussi modeste que laborieuse. C'est sur ses
plans et sous sa direction qu'on l'a construite.

Pour peindre d'un dernier trait ses maîtres,
j'ajouterai qu'ouvrant sur le petit jardin dont il
est séparé par un simple vitrail, un atelier de
peinture et de sculpture confine à la bibliothèque,
bibliothèque de lettré délicat, de philosophe, voire
d'historien, plutôt que d'érudit et de bibliophile.

C'est un double luxe que Philémon et Baucis n'ont pas même soupçonné, si l'on peut appeler luxe ce qui est, de nos jours surtout, le superflu nécessaire des esprits cultivés, amants du beau aussi bien que du vrai. De ce luxe-là nul péril à craindre, et la société y puiserait plutôt des forces pour résister aux dangers que l'autre lui fait courir.

Les plus heureuses journées de la vie sont celles où l'on se retrouve avec tous les siens, sans qu'il en manque un seul, dans la maison paternelle, au retour d'une longue absence : la joie de revoir un ami suit de bien près celle-là. Mais si cet ami est un ancien maître, guère plus avancé que nous dans la vie, si l'on est avec lui en parfaite communion de sentiments et de pensées ; si, riches de souvenirs communs, on mêle dans la conversation le passé au présent, condisciples, collègues, études, projets, espérances, tous les sujets et toutes les questions, les heures vont s'écouler comme des minutes, et c'est toujours trop tôt que viendra celle de se quitter. Heureusement nous ne sommes encore qu'au début, à la première dispersion des demandes et des réponses que cette demande va fixer pour quelques instants.

— Où en est, cher Maître, votre projet de fonder une Revue philosophique : *La Liberté*

morale? J'en attends avec.impatience le premier
Numéro.

— Je crains fort, mon ami, qu'il ne paraisse
de longtemps. Non, je n'aurais jamais pensé que
sur cette question de la liberté il fût si malaisé de
s'entendre, au moins entre philosophes. Ce n'est
point l'argent qui nous manque ; j'en ai trouvé
sans peine au premier appel, beaucoup plus qu'il
n'en fallait et n'ai qu'à me louer de la générosité
de mes anciens élèves, Barbistes et Lycéens. Ce
qui manque, l'auriez-vous soupçonné, ce sont les
rédacteurs, oui, les rédacteurs. Je vous ai inscrit
tout d'abord et d'office, sans vous consulter.....

— Il m'en souvient et je vous en remercie.

— En vous envoyant mon programme rédigé,
imprimé, bien sûr qu'il serait le vôtre.

— Et vous ne vous êtes point trompé.

— Mais ceux auxquels je me suis ensuite
adressé, des hommes de valeur pourtant, des
professeurs, des Maîtres, soulèvent des difficul-
tés, multiplient les objections ; ils acceptent sans
accepter, ils refusent sans refuser. Je ne sais plus
que penser et à quoi me résoudre.

— Et la Revue, notre Revue ne paraîtra pas?

— Peut-être oui, peut-être non ; mais pour dire
vrai, les chances favorables diminuent de jour en
jour.

— Adieu, mes pauvres articles.

— Quoi, vous en aviez déjà, d'avance, préparé, composé, écrit quelques-uns?

— Pas précisément et la chose n'est pas si avancée. Toutefois bien des idées s'étaient aussitôt présentées à mon esprit. Retenant au passage celles qui me semblaient les plus fécondes j'avais laissé, au moins pour un temps, courir celles dont l'importance n'était pas, à première vue, si grande. Le nombre des unes et des autres était si considérable, et le sujet d'une telle richesse, que mon premier article n'aurait fait autre chose que mettre en lumière cette fécondité dont je me doutais à peine. C'eût été comme un véritable et interminable catalogue. Vous voyez d'ici accourir et se presser, dans ces premières pages, les *lois,* les *causes,* les *forces,* le *mouvement* avec leurs variétés infinies, les *phénomènes* eux-mêmes que peut-être on n'attendait pas. Tout cela, sous ma plume, je veux dire dans mon esprit, s'ordonnait, se disposait, prenait sa place, son rang, mais bien entendu que la raison gardait le premier et que, dans cette question de la liberté, elle établissait solidement ses droits à une alliance étroite et indissoluble.

— Faites mieux encore ; donnez à ces rapports si intimes, à cette parenté de la liberté et de la raison un article spécial ; ce ne sera ni le plus court, ni le moins utile. C'est ici comme le centre et le cœur de la question. Peut-être même faudra-t-il y revenir plusieurs fois.

— De grand cœur ; mais comment parler de la raison sans parler des principes, sans remonter jusqu'au Principe de tous les principes, pour emprunter à Victor Cousin une expression qu'il avait créée et qu'il aimait. C'est en Lui et en Lui seul que la raison et la liberté nous révèlent le secret de leur union ; impossible de lui découvrir une autre source. Mais cette source est inépuisable, ce n'est rien moins que la Théodicée tout entière.

– - J'en conviens.

— D'un autre côté, c'est dans l'homme, au plus intime de son âme, que la liberté se montre d'abord et qu'elle réside ; c'est au sein de la famille, de la cité, de la société, dans les circonstances et les milieux les plus divers qu'elle s'exerce. Des auxiliaires et des adversaires sans nombre accourent de toutes parts pour l'aider ou pour l'entraver. Il en vient de l'âme, il en vient du corps, de l'intelligence, du sentiment, des passions, de l'hérédité, du caractère, de l'habitude, de la culture, de l'éducation, de la Nature. Voilà que l'univers entier entre peu à peu, par mille voies directes ou indirectes, dans cette question de la liberté, et, avec l'univers, toutes les sciences qui s'efforcent de le décrire ou de l'expliquer. Elle s'étend à mesure qu'on la veut circonscrire ; plus on la creuse plus elle dev t profonde. On pourrait dire, sans exagération, que c'est tout un monde.

— Vous découvrez ici, mon ami, l'extraordinaire erreur de ceux qui enferment la liberté dans la liberté, et qui voudraient en traiter sans parler que d'elle seule.

— Aussi était-ce pour moi le sujet très intéressant, l'ample matière d'un autre article. J'y cherchais pour quelles causes la question de la liberté est à la fois définitivement fermée et toujours ouverte, pourquoi, tandis que la conscience rend, en sa faveur, un témoignage universel et indiscuté par le plus grand nombre, les philosophes ne cessent d'écrire pour et contre la liberté des traités, des livres, des mémoires, quelques-uns très remarquables.

A cet article d'autres venaient s'ajouter à la file les uns des autres : on n'en voyait pas la fin et le seul embarras était de choisir, de donner des rangs. Et toutefois, faut-il l'avouer.......... La *Liberté morale* aurait paru, elle paraîtrait un jour, qu'aucun de ces articles, je le crains fort, ne figurerait dans ses colonnes, à moins que le Directeur en chef ne les eût acceptés......

— Sans conditions, il vous le promet.

— Sous la forme du dialogue....

— Y pensez-vous, mon ami, y pensez-vous, et

croyez-vous qu'une telle innovation, une telle dé-
rogation à d'anciens et respectables usages eût la
moindre chance de succès?

— Je pense, mon cher Maître, que chacun doit
suivre sa nature et que les idées s'ordonnant de
plus en plus sous cette forme dans mon esprit, il
me devient difficile, pour ne pas dire impossible,
d'en employer une autre. Vous souvient-il d'une
lettre de Sénèque à Lucilius dont vous nous don-
niez un jour le savant commentaire à la Confé-
rence de philosophie. L'auteur y rappelle à son
ami qu'on distingue, quand on veut établir les
grandes divisions de la parole, la *Rhétorique* de
la *Dialectique*, le discours suivi de la conversation. Il fait ensuite la part de l'une et de l'autre,
dit quelles qualités elles requièrent, à quels sujets
on les applique de préférence, dans quelles circonstances on les emploie. Eh bien! je suis déci-
dément pour la Dialectique, dans le sens que lui
donne Sénèque, c'est-à-dire pour la conversation.
La pensée d'autrui anime et aiguise ma pensée :
j'ai besoin de l'entendre pour mieux entrer dans
la mienne et pour la pousser jusqu'à son terme.
Il me semble que je puis écrire — mais peut-être
ai-je tort de le croire, — un Dialogue passable, mais
sur le même sujet je ne composerai certainement
qu'un article indigeste et lourd, sans aisance et
sans vie. Je n'ai pas, je le sens bien, ce qu'il faut

de gravité, de noblesse, de tranquille confiance
en soi-même pour tenir convenablement ma
place dans une Revue dogmatique. J'aurais
essayé pour vous être agréable, mais avec
le pressentiment, bientôt justifié, d'un piteux
échec.

— Prenez-y garde, mon cher ami, et résistez
de toute votre énergie à une tendance qui, sans
doute, n'est pas en soi condamnable, mais qui ne
doit pas être exclusive et vous faire oublier la
mesure : *in medio virtus*. Loin de moi la pensée
de proscrire cette forme si naturelle du dialogue;
mais, vous ne l'ignorez pas, il y faut bien des
choses que peut-être vous n'avez pas toutes : *des
idées* étroitement enchaînées sous l'apparence
d'une marche irrégulière, d'une libre et capri-
cieuse allure; *un cadre,* — il y en a si peu de
simples, de vrais, de vraisemblables; — *des personnages* assez connus, assez intéressants pour
mériter et captiver notre attention. Il faut, de
plus, qu'ils n'aient rien écrit, qu'on les connaisse
par leurs tendances et par leur esprit, nullement
par leurs livres. Sans cela, que pourriez-vous,
sinon comme un médiocre traducteur, un servile
commentateur, reprendre en sous-œuvre leurs
pensées et leurs discours : on aimera mieux, avec
juste raison, puiser à la source elle-même. De
nos jours, je ne dis point que tout le monde pense,

mais tout le monde écrit. J'ai moi-même beaucoup écrit.....

— Et des livres[1], j'en ai eu maintes fois la preuve, — vos éditeurs ne me contrediront pas, — très lus, très répandus.

— Soit, soit ; mais voyez-vous, dans l'histoire de la pensée humaine, il n'y a qu'un Socrate et il n'y en aura pas un autre, comme il ne s'est trouvé qu'un Platon pour recueillir et agrandir sa parole dans des Dialogues immortels, qu'un peuple athénien, le plus intelligent des peuples, pour la recevoir et la transmettre, dans sa langue « *sonore, aux douceurs souveraines* », à la postérité la plus reculée. Je n'oublie pas ces beaux et aimables jeunes gens, Phèdre, Phédon, Simmias, Cébès, Alcibiade, Charmide, dont les heureuses réparties, les questions, les objections varient et animent l'entretien, ni ces sophistes, Protagoras, Gorgias, Polus, qui tantôt attaquent le Maître

---

[1] *Précis d'un Cours complet de philosophie élémentaire,* 8e édition, un vol. in-12. — *Grands Monuments de la philosophie.* — *Les grandes Leçons de l'antiquité chrétienne.* — *Le XVIIIe siècle : Monarchie et Révolution.* — *Le XVIe siècle : La Renaissance et la Réforme.* — *Les gloires de la France chrétienne au XIXe siècle,* etc., etc.

avec violence et ouvertement, tantôt à l'aide d'artificieux détours. C'est plus qu'un dialogue, c'est un drame dont les scènes se succèdent sans jamais se ressembler, dans les cadres les plus variés, parfois les plus poétiques, avec les personnages les plus vivants, les plus intéressants. Cela ne s'est vu qu'une fois, vous dis-je, et cela ne se reverra plus.

— Je conviens qu'à part le *Songe de Scipion* l'antiquité n'offre rien qui en approche. Je reconnais que les Eugène, les Théodore, les Philalèthe, les Eudoxe, les Théophile, voire même les Hylas et les Philonoüs du XVIIe et du XVIIIe siècles, sont à cent lieues de Socrate et de ses jeunes amis. Mais qu'y faire, mon cher Maitre, et comment résister au penchant qui nous entraine, quand il n'a rien en soi, vous en conviendrez, de condamnable, quand on est prêt enfin à subir, en toute résignation, les conséquences d'une faute à laquelle on a pleinement consenti.

— Dans tous les cas effacez-vous, si vous entrez en scène, le plus qu'il vous sera possible : laissez à vos interlocuteurs le beau rôle, les belles, les importantes parties du dialogue. Ne soyez là que pour les interroger, les animer, les faire valoir.

— Il me sera facile, mon cher Maitre, de suivre vos conseils; ils sont trop bien d'accord avec ma naturelle inclination. J'aimerais mille fois mieux n'avoir pas à paraître et qu'il y eût eu, dans la première moitié de ce siècle, un Socrate enseignant, discutant sans écrire; mais nos philosophes contemporains sont tous, sans exception, des écrivains, quelques-uns même des écrivains de premier ordre. Je n'oserai jamais les mettre en scène, les faire parler.......

— Osez, Monsieur; *audentes fortuna juvat.* Que risquez-vous, et qui sait même si plusieurs d'entre eux.... Et pourtant n'allez pas les prendre au hasard de la fève ou du coup de dé; choisissez, éliminez sans pitié ceux qui ne respectent ni le bon sens, ni la langue et le génie de la France, ceux encore qui parlent mathématiques en psychologie, physique en métaphysique, chimie en morale, électricité en logique; qui mêlent, qui confondent les sciences et les choses les plus distinctes, qui saupoudrent tour à tour leurs ragoûts soi-disant philosophiques d'*x*, d'*y*, de *z*, d'antinomies finement découpées, de concepts soigneusement desséchés, de cellules nerveuses réduites en poudre impalpable. Surtout pas de néologismes aussi barbares qu'inutiles, pas de grands mots longs d'une aune, où langues anciennes et langues modernes se déchirent entre elles et déchirent nos oreilles. Faites parler vos personnages comme tout le monde parle, afin que tout le monde

des gens sensés et des esprits tant soit peu cultivés vous comprenne.....

Dieu ! quel langage, me disais-je intérieure-
ment ! Quel français pour qui n'aime que le pur
français, et d'où nous vient cet inconnu qui est
entré si familièrement, en nous saluant, pour
toute politesse, d'une légère inclination, et qui
jette au travers de la conversation ses idées
bizarres et des conseils qu'on ne lui demandait
pas ?

Mais lui, sans s'émouvoir de notre silence, et
avec une véhémence croissante :

— Ah ! vous choisissez bien votre temps, de
vous enfermer dans vos petites questions et vos
subtiles décompositions, quand le monde se meurt
faute de haute et large philosophie. Voyez : depuis que vous les avez abandonnés pour quéman-
der les suffrages des savants et des étrangers,
pour mendier les miettes de leur table, depuis
que vous ne parlez plus qu'entre vous et pour vous,
eux ils sont réduits à faire de la politique à un sou
dans les journaux à un sou, ils ne lisent plus que
des romans, — encore s'ils les choisissaient bien,
— qui affadissent leur esprit quand ils ne souillent
pas leur imagination et leur cœur. La poésie se
dessèche, elle s'étiole, parce que vous ne la nour-
rissez plus. L'histoire devient, dit-on, plus exacte,
plus précise dans les détails ; soit, mais elle se

rétrécit, elle s'abaisse dans l'ensemble, parce que vous n'y êtes plus. De l'archéologie, de la philologie on pourrait dire : *pendent opera interrupta, minœque Murorum ingentes*[1] : elles vous attendent pour se compléter. Tout le monde vous attend dans un siècle où les âmes, — elles sont nombreuses, — qui ont perdu la foi n'ont pas retrouvé cette philosophie qui faisait la force et la gloire des Cités antiques. Ils ne sont plus chrétiens et ils ne sont pas philosophes; ils ne croient plus et ils ne pensent pas; ils vont avec passion, avec fureur, à leurs intérêts, à leurs plaisirs, à leurs débauches, et nous allons tous à la décadence. La faute en est à vous pour une bonne part, car si l'on ne peut exiger que vous soyez, comme au moyen âge et au dix-septième siècle, des alliés fidèles du Christianisme, on a droit d'attendre que vous l'aidiez à relever les âmes, à fortifier les volontés, à nourrir la pensée d'aliments sains et substantiels. Le faites-vous? Faites-vous votre devoir, tout votre devoir? Allez donc, mes amis, continuez à fendre les cheveux en six ou en seize, à vous plonger, à vous noyer dans les

---

[1] Virgile, En. l. IV.

    Tours, remparts menaçants cessent de s'élever,
    Tout s'arrête.........

infiniment petits de la nature et de l'histoire, à vous enfoncer dans des trous sans air : on ne vous y suivra pas, croyez-le bien. Ah ! les beaux philosophes qui ne philosophent plus ! Adieu, Messieurs, et bon courage !

— Non pas, interrompit l'ermite, demeurez, je vous prie, et déjeunez avec nous. Mon ancien élève du collège Sainte-Barbe sera heureux de vous entendre ; mon cousin de Lille, — il nous arrivera dans un instant, — n'est pas non plus pour vous troubler ; vous le connaissez de longue date. C'est tout ce que nous serons de convives.

— Merci mille fois, mais pour aujourd'hui ce n'est point possible. Je ne serai pas libre avant une heure et demie ou deux heures de l'après-midi.

— Juste au moment où nous irons prendre le café sous la petite tonnelle dont la vigne vierge est encore assez bien fournie pour nous abriter du soleil. Jamais ses feuilles n'ont été aussi belles et leurs nuances aussi variées.

— Vous me prenez par mon faible, car je n'aime rien tant que ce petit coin de votre jardin, ce bosquet où[1] *Sylvestris raris sparsit labrusca*

---

[1] Virgile, Eglogue V.
.... que la vigne sauvage,
De ses pampres dorés, de ses festons ombrage.

racemis. Nous n'en jouirons pas longtemps, car l'automne s'avance, et les beaux jours comme celui-ci vont se faire de plus en plus rares. Donc, j'accepte, à condition que vous ne m'attendrez pas si je suis en retard. Adieu.

— Adieu et à bientôt.

— Vous avez là, cher Maître, un voisin, peut-être un ami, dont je ne parviens pas bien à déchiffrer le caractère. Il parle avec mesure et il s'emporte à des exagérations déraisonnables; il est ridicule de s'attaquer à des philosophes qui n'existent pas, de s'acharner contre des fantômes. Même opposition dans son langage où le mot propre et l'expression vulgaire, où la simplicité et l'affectation se suivent de si près qu'on a tout juste le temps de les distinguer. Est-ce qu'il vous honore souvent de ses visites? Les fait-il toujours aussi brusques, aussi rapides? Aime-t-il Virgile avec tant de passion et le possède-t-il si bien qu'il le mêle, comme tout à l'heure, à tous ses discours?

— C'est le droit, vous en conviendrez, d'un ancien professeur de rhétorique, bien qu'il l'ait été quelques années seulement. Si vous le connaissiez mieux, vous seriez pour lui plein d'indulgence, tant il a de bonté dans l'âme, toujours prêt, malgré son premier abord de misanthrope et de pessimiste, à rendre service, tant il est charitable de sa bourse et de ses démarches au profit des humbles et des pauvres. Une disgrâce imméritée qu'il a subie au début de sa carrière, ou plutôt, car je ne suis pas exactement renseigné sur ce point, une place de professeur de philosophie qu'il demandait avec instances et qu'on lui a refusée, l'ont décidé à donner sa démission et à quitter l'Université. Il a essayé ensuite de plusieurs autres voies, toujours avec peu de succès, et il a fini par se retirer ici, dans un petit ermitage fort semblable au mien, où il vit seul et modestement, bien qu'il dispose d'assez beaux revenus, mais les pauvres en ont la meilleure part. Est-ce son amour de Virgile ou une inclination naturelle, mais on dirait qu'il a voulu reproduire, trait pour trait jusqu'au dernier, le vieillard de Tarente :

« *Namque sub Œbaliæ memini me turribus altis*
Corycium vidisse senem [1] ..... »

---

[1] Virgile, *Géorg.*, l. IV.
Aux lieux où le Galèse en des plaines fécondes
Parmi les blonds épis roule ses noires ondes,
J'ai vu, je m'en souviens, un vieillard fortuné
Possesseur d'un terrain longtemps abandonné.

Traduction de Delille.

Je crois qu'à force de l'entendre et si je n'y prenais pas garde, j'émaillerais comme lui ma conversation des vers de son poète favori.

Amoureux de fleurs et d'arbustes, plus habile que les plus habiles jardiniers d'Auteuil à la taille et à la greffe, il m'a rendu dans mon petit enclos des services que je ne saurais trop reconnaître. Avec ces belles qualités, on peut passer sur des bizarreries d'humeur qu'une disposition naturelle et sans doute aussi certains souvenirs de ses disgrâces passées contribuent à entretenir. Il ne faudrait pas d'ailleurs, même en matière philosophique, le juger uniquement par ses écarts de langage et prendre au pied de la lettre tout ce qu'il dit. En réalité, il applaudit aux grands progrès des sciences de la nature; il est convaincu que ces progrès ne peuvent que profiter à la science de l'âme, puisque celle-ci est, dans l'homme, étroitement unie à la matière, et, on pourrait dire, à l'univers matériel tout entier. Mais les exagérations, les intolérances, les simples soupçons donnés comme des résultats définitifs, les hypothèses les plus téméraires transformées soudain en lois indiscutables, les théories les plus aventureuses et parfois les moins nouvelles, pourvu qu'elles viennent de l'étranger, acceptées comme des dogmes, notre belle langue, la langue de Descartes, de Malebranche, de Bossuet, de Fénelon, torturée, défigurée, méconnaissable, tout cela le révolte, le met hors de lui, le porte à dire, par un autre genre d'excès, des choses qu'il ne pense pas.

Vous le verrez tout à l'heure, je n'ose dire vous l'entendrez, car il a ses périodes de mutisme absolu dont il est aussi malaisé de le faire sortir que de l'arrêter, quand il parle d'abondance.

C'est la période silencieuse, à quelques interruptions près, qui eut son tour à l'heure du café sous la charmille ; mais nous ne nous y rendrons pas avant d'avoir repris des forces dans un déjeuner qui, pour être simple et sans prétentions culinaires, n'en fut pas moins plus varié que les classiques repas des ermites du désert. Poule ou poulet qu'on nous servit d'abord me fit souvenir du beau vers de La Fontaine, le seul que j'aie retenu de son poème de Philémon et Baucis :

« Baucis en répandit, en secret, quelques larmes. »

Je ne pense pas que notre aimable hôtesse en ait versé sur le sort de quelqu'un de ses élèves, car aucun chant de coq, aucun gloussement de poule ne m'avaient révélé l'existence d'une basse-cour, et, de fait, il n'y en avait pas à l'ermitage d'Auteuil. La conversation s'en fut où il lui plaisait, du-

rant ce déjeuner très intime de quatre convives.
On parla de la guerre, des Lettres, des colonies,
des arts, mais surtout, à l'occasion de l'Exposition
prochaine, de l'état et des progrès de l'industrie.

Les questions si complexes qui s'y rattachent
étaient parfaitement connues du cousin de mon
ancien professeur. Il en pouvait parler en homme
qui les possède et en esprit cultivé qui les dé-
passe. Seule la philosophie fut complètement
oubliée ; elle prit sa revanche sous la tonnelle où
l'ancien professeur, philosophe, horticulteur, misanthrope, comme il vous plaira, qui n'avait pu
ou voulu déjeuner avec nous, ne tarda pas à nous
rejoindre.

Nous revînmes presque aussitôt, comme il était
naturel, chez le Directeur de *La Liberté morale*,
à la grande, à l'inépuisable question de la liberté.
Nous abordions bien, de temps à autre, mais en
les effleurant et sans les approfondir, quelques-
unes des questions secondaires dont elle est insé-
parable ; mais toujours je ne sais quel mouvement
naturel ou quelle secrète fascination nous rame-
nait au point central. Bien qu'unis dans la même
conviction, dans une foi commune et profonde à
la liberté, nous cherchions à obtenir encore plus
de lumière ; ou bien, à l'exemple des futurs colla-
borateurs dont me parlait notre chef, nous soule-
vions, comme à plaisir, des objections qui ne nous

paraissaient pas au fond très redoutables, mais auxquelles nous souhaitions de trouver des réponses absolument décisives, capables de réduire au silence les contradicteurs les plus obstinés.

Au plus fort de la discussion, le jeune parent de l'ermite qui nous avait écoutés avec un vif intérêt, prit à son tour la parole :

— Messieurs, nous dit-il, j'ai beaucoup de plaisir à vous entendre et volontiers je prendrais part aux débats qui vous passionnent. Par malheur, je dispose de bien peu de loisirs, et depuis que j'ai quitté les bancs du collège la philosophie et les sciences ont marché. Je ne suis plus au courant et je m'en aperçois bien, quand il m'arrive de parcourir un livre ou un article de Revue dont on m'a signalé la valeur : je manque de ce qu'il faudrait pour le comprendre et l'apprécier. Ma grande ressource alors, c'est un ami plus âgé que moi de quelques années; nous avons toujours, l'un et l'autre, beaucoup aimé la philosophie, mais ce qui me plaît en lui, comme d'ailleurs chez mon cousin dont nous avons été tour à tour les élèves, c'est, avec la grande liberté de son esprit, l'extrême simplicité de son langage. Vous nous avez enseigné, mon cher Maître et parent, à parler comme tout le monde parle, dans les questions qui intéressent également tous les hommes et dont la conscience humaine fournit le plus souvent les solutions, et, en tout cas, renferme les éléments les plus nombreux et les plus importants. Quand je l'entends, il me semble que j'entends l'écho de votre voix. Par malheur, cela m'arrive plus rarement que je ne voudrais, en moyenne deux fois l'an, au cœur de Paris où il habite pendant l'hiver et le printemps, à Montmartre, dans une petite villa qu'il possède et où il séjourne de la fin de l'été aux derniers beaux jours de l'automne. Il ne quitte pour ainsi dire jamais la capitale.

Voici donc ce qu'il me dit un jour à propos d'une question qui n'est point celle de la liberté, mais qui n'y est pas non plus tout à fait étrangère. Comme je goûtais fort sa manière de voir, je l'ai, à plusieurs reprises, dans nos deux derniers entretiens, amené sur le même terrain, et lui, avec une extrême complaisance, il m'a, de nouveau, presque dans les mêmes termes, exposé son sentiment. Je suis certain de vous rendre fidèlement sa pensée, mais je ne me porte pas garant de l'expression.....

— *Numeros memini, si verba tenerem* [1], interrompit, en passant, le dévot de Virgile.

---

[1] Virgile, Eglogue IX.
J'ai retenu le sens, les mots m'ont échappé.

— Il ne faut jamais, me dit-il, en philosophie,
s'inquiéter quand parait un mot nouveau, salué,
acclamé, célébré comme le mot suprême et l'ex-
plication définitive : sa fortune, après tout, sera
celle de tous ceux qui l'ont précédé, que les
mêmes honneurs avaient accueillis, que le même
enthousiasme avait exaltés. On l'oubliera bientôt
pour en admirer un autre et lui transférer toutes
ses vertus. Ces choses-là sont de tous les temps,
et si, de nos jours, elles sont ou nous paraissent
plus fréquentes, c'est aussi que nous vivons plus
vite et que l'échange des idées est devenu presque
aussi rapide sur notre planète que celui des pro-
ductions de la terre. Ce qui mettait jadis un siècle
à s'user dure présentement deux ou trois fois
moins. Que le *Mouvement* succède, dans les
préoccupations de nos savants et de nos philosophes, *à l'Évolution,* comme celle-ci a succédé au
Progrès, ne vous en inquiétez pas, rien au fond
n'est changé. En fin de compte, après toutes les
acclamations et toutes les apothéoses, il restera
de chacun d'eux juste ce qui en peut et doit de-
meurer : la parcelle de vérité se dégagera du
faux qui l'enveloppait, tout ce qui est excès, exagération disparaîtra. En effet, supprimez les êtres
et les choses qui progressent, qui évoluent, qui
se meuvent, le progrès, l'évolution, le mouvement
ne sont plus que des abstractions vides de toute

réalité. Les questions que l'esprit humain se pose, depuis tant de siècles, au sujet de ces êtres et de ces choses, de leur nature, de leur principe, de leur fin, ces questions demeurent entières. Les mots nouveaux se succédant sans fin ne les supprimeront pas, et chacun d'eux n'en expliquera qu'une toute petite partie.

Il en est un qui n'aspire pas le moins du monde à être le dernier mot des choses, mais qui toutefois rend compte d'un grand nombre d'entre elles et porte la lumière avec l'ordre dans leur apparente confusion. Il s'en faut d'ailleurs qu'on l'ait toujours négligé, bien qu'il tienne aujourd'hui peu de place dans les théories de nos contemporains; en revanche, celle qu'il occupe dans la Nature et dans l'esprit de l'homme est immense. Qu'il s'agisse des phénomènes du monde physique ou de ceux du monde moral, des plus visibles ou des plus cachés, des esprits ou des corps, des espaces célestes ou de notre humble planète, tout s'accomplit, tout se perçoit par les rapports du plus petit au plus grand, du plus faible au plus fort, du bon au meilleur, du meilleur à l'excellent, en un mot par tous les degrés de l'ordre, de la force, de la vie, de la bonté, de la beauté. J'ai nommé l'ordre; si rien sans lui n'est intelligible, il n'est lui-même intelligible que par les divisions, les subdivisions, les de-

grés qui le manifestent. Partout donc et toujours, — c'est la loi universelle, absolue, — partout des degrés, une *hiérarchie des êtres et des
choses*. C'est de tous les faits le plus apparent, le
plus incontesté ; ceux-là mêmes qui l'oublient ne
songent pas à le nier. On peut entendre de diffé-
rentes manières, circonscrire dans des limites
plus ou moins étroites ou étendre à l'infini le progrès et l'évolution, le fait de *l'ordre hiérarchique*
est universel, il est perçu par tous les esprits.

Laissons de côté les espaces célestes où l'évolution et le progrès peuvent se donner libre carrière, où les astres qui les peuplent peuvent, au
gré des théories les plus variées, naître, grandir,
mourir, s'illuminer, s'éteindre, briller tour à tour
des feux les plus ardents et les plus doux, tour-
ner autour d'un astre central, ou poursuivre dans
des routes sans fin un but qu'ils n'atteindront jamais, recommencer dans le même ordre, quand
elle est révolue la *Grande année* des Anciens [1],
ou ne reconnaître du temps qu'une année éternelle : c'est, par de là toutes les observations et
tous les calculs, le domaine de l'inépuisable hypo-
thèse. Bornons-nous à y voir ce que l'observation
découvre un *ordre hiérarchique parfait :* des

---

[1] Voir Cicéron : *Songe de Scipion.*

satellites, des planètes, des comètes, des soleils, des astres de toutes les dimensions, dont l'action les uns sur les autres est en proportion de leur masse jointe à celle de la distance, et, dans notre système solaire en particulier, comme un roi majestueux auquel on a pu comparer les plus grands rois de la terre, communiquant la lumière et la chaleur à ceux qui l'entourent et qui dépendent de lui. Laissons-le lui-même suivre dans leurs courses les plus lointaines des astres plus grands, plus puissants dont il n'est peut-être que l'humble satellite ; hâtons-nous de redescendre sur notre terre.

Si le progrès s'y fait voir mobile, inégal, avançant ici et plus loin reculant, si l'évolution s'y déploie plus largement qu'on ne croyait d'abord, mais toutefois entre des limites infranchissables, en revanche c'est dans tous les siècles et dans toutes les contrées, dans la Nature et dans l'homme que l'ordre hiérarchique apparaît avec ses degrés, ses rangs, ses nuances, source inépuisable de paix, d'harmonie et de beauté. Laissons à Bernardin de Saint-Pierre, à ses successeurs, aux artistes, aux poètes de toutes les nations civilisées, le soin de les peindre avec des couleurs parfois aussi brillantes que celles de la Nature elle-même, aux savants celui de les décrire avec une rigoureuse précision. De l'hysope

au chêne et au cèdre, de la gracieuse colline aux
cimes imposantes des plus hautes montagnes, du
ruisseau dont l'onde transparente s'écoule avec
un doux murmure jusqu'aux abîmes et aux tem-
pêtes de l'Océan, que d'images pour les uns,
quelle variété, quels contrastes, quelles délica-
tesses, quelles grandeurs ! Mais les autres, les savants, les naturalistes sont-ils moins riches, moins
favorisés? Ces variétés, ces nuances infinies que
l'observation leur découvre sans que la suite des
êtres et des choses, végétaux, fleurs, plantes,
arbustes, poissons au fond des mers, oiseaux
dans les airs, animaux grands et petits sur la
terre, soit en un seul point interrompue; cette
suite si harmonieusement développée, du plus
petit au plus grand, du plus faible au plus puissant, de la grossière ébauche à l'organisme le
plus parfait, est-elle moins digne d'admiration,
moins capable d'élever nos pensées, de remuer
nos âmes ? En vérité, je ne le crois pas.

Et toutefois, si beau, si imposant qu'il soit,
l'ordre hiérarchique dont la Nature nous offre le
magnifique spectacle, n'est pas comparable à celui que nous découvrons dans l'homme. On dirait
qu'en lui toutes les formes de la vie successive-
ment réalisées dans les êtres inférieurs sont unies
et comme fondues en une vie physique d'ordre
supérieur, celle-ci, à son tour, complétée et do-

minée par la vie de l'âme. Sans doute, l'esprit
dont le règne est universel, l'esprit auquel toute
matière est subordonnée, ne manque pas à la
Nature physique, mais il y est comme appliqué,
il n'en fait pas partie intégrante. Il s'y montre au
dehors dans la géométrie de ses formes, parfois
dans leur grâce ou leur beauté, il la pénètre au-
dedans par les lois de l'organisation et de la vie,
on ne saurait dire qu'il fait un avec elle. Dans
l'homme, au contraire, l'union est si étroite, si
profonde, que des deux ensemble, le corps et
l'âme, on peut dire que tout en gardant leurs
propriétés et leurs facultés distinctes, ils ne font
qu'un. Mais aussi quels actes lui sont propres et
marqués de quels caractères? Comme ils l'élèvent
à une distance infinie au-dessus de tous les êtres
qui habitent la terre avec lui, pour orner celle-ci
ou pour le servir!

En effet, j'ai beau regarder ici-bas au-dessous
de l'homme et autour de lui, mesurer avec une
rigoureuse exactitude et prédire par le calcul les
révolutions des astres les plus éloignés, je n'aperçois dans le ciel et sur la terre, sous la diver-
sité infinie des formes et des mouvements, que
des *actes agis* : dans l'homme seul, je découvre
l'acte agissant, celui dont, pour une part au
moins, le principe est en nous-mêmes. Avec tant
de perfection que les cristaux, — permettez-moi

cet unique exemple, — si admirablement hiérarchisés les uns par rapport aux autres, et dans les cristaux, les gemmes, émeraudes, rubis, diamants, ces derniers placés au rang suprême, infléchissent leurs arêtes, arrondissent leurs faces et conquièrent par ce long et habile travail des formes irréprochables ; avec tant de précision que les masses immenses des astres les plus puissants dirigent, dans des rapports hiérarchiques constamment observés, leur course dans l'espace, en tous ces actes petits et grands, mais également prodigieux dans leur petitesse ou leur grandeur, où est la pensée qui conçoit, la force qui dirige, l'amour de l'ordre et du beau qui passionne ? En eux ou en dehors d'eux ? En eux : qui l'a jamais sérieusement soutenu ? Qui s'est jamais avisé de les admirer, de les aimer pour eux-mêmes, et comme auteurs, de ce qui s'accomplit en eux de beau, de grand, de parfait ? Si leur étude, si leur contemplation provoquent nos pensées, celles-ci les dépassent bientôt pour s'élever jusqu'à la pensée suprême, acte pur, éternel, auquel sont suspendus tous les mouvements, de qui dépendent toutes les perfections de l'univers. Ils sont si peu capables d'amour ces corps d'une délicatesse infinie et ces corps d'une prodigieuse grosseur que nous, à notre tour, nous les admirons sans les aimer et que notre amour va droit à la Beauté su-

prême dont ils ne sont que le support matériel
comme la toile et les couleurs servent au peintre,
le marbre au sculpteur, l'air et les sons au musi-
cien pour manifester ce qu'ils portent au plus profond de leur âme et de leur génie.

Je découvre bien sans doute, dans la nature de
l'homme, toute une longue suite d'actes agis inces-
samment renouvelés, auxquels il ne concourt que
d'une manière très indirecte. Il appartient, qui ne
le sait, à l'univers physique et à ses lois inflexibles par une portion considérable de sa vie, il se
rapproche de l'animal par ses instincts, par ses
passions d'ordre inférieur; mais ses actes les plus
élevés, les actes qui lui sont propres, n'en ont pas
moins un caractère qu'on chercherait vainement
ailleurs et qui se résume dans ces trois mots in-
séparables, comme les idées et les actes qu'ils
expriment: il pense, il aime, il veut librement.
Au fond de toutes ses pensées, pour en unir et
pour en fixer les élément venus de partout, de la
famille, de l'école, du spectacle de la nature, des
conversations, des livres, un petit nombre d'éléments se retrouvent sans cesse, absolus. invaria-
bles, dont l'origine est dans l'âme elle-même, tandis que les autres sont *acquis* et lui viennent du
dehors. On peut compter jusqu'à sept de ces éléments *primitifs*. Les nommer, c'est nommer en
même temps un nombre egal de sentiments ou

de passions dont chacun d'eux est accompagné ;
c'est dire que l'ordre ne va pas sans l'amour de
l'ordre, l'unité sans l'amour et quelquefois la
passion de l'unité, la grandeur, la beauté, la vérité, la liberté, le bien, sans l'amour plus ou moins
développé de toutes ces choses. A lui seul l'élément primitif est seulement lumière, il éclaire,
mais il meut faiblement. C'est son union avec le
sentiment qui en fait une force, qui le rend capable d'une action dont l'intensité du sentiment mesure la puissance et multiplie les effets.

Voilà donc l'homme placé dans la hiérarchie
des êtres, entre la nature et Dieu, car il faut aller
jusqu'au terme et dire que les éléments primitifs
de la pensée procèdent directement de sa Pensée
éternelle, comme les sentiments primitifs qui les
accompagnent n'ont d'autre source que la source
intarissable de son amour. Les puissances de la
Nature gouvernent impérieusement notre vie intérieure. Dieu préside, dans la mesure où nous y
consentons, à notre vie supérieure. Il attire à lui
sa créature doucement, sans la contraindre, par
l'attrait du beau, du bien, du vrai, en un mot de
tous les principes qu'il a déposés à l'origine dans
son âme pour être la lumière de sa pensée, les
guides de sa volonté. Ces principes, ces amours
suppriment ou entravent si peu notre liberté que
sans eux la liberté ne serait point; ils en sont, si

je puis ainsi parler, partie intégrante. Elle ne saurait être où n'est pas la raison et un amour tout au moins commencé du bien : vouloir l'en séparer, ce serait la confondre avec les forces aveugles de la Nature, ce serait l'anéantir. Que serait-elle, en effet, si elle ne savait ce qu'elle veut, pourquoi elle le veut, si elle n'avait à choisir entre les plaisirs grossiers, les excitations malsaines des sens et les chastes attraits du vrai, du beau, du bien. A quoi bon garder le nom, quand on retranche la chose et ce qui la fait ce qu'elle est ?.... »

— Votre ami de Montmartre, mon ancien élève n'oublie pas, sans doute, que les plaisirs grossiers et les excitations des sens ne font pas seuls, dans l'âme humaine, obstacle à l'idée et à l'attrait du beau, du vrai, du bien, donnant ainsi lieu d'agir à la liberté. Les Anciens, excellents observateurs s'il en fut, de notre vie morale, avaient entrevu déjà la chute originelle dont certaines de leurs hypothèses se rapprochent d'une manière surprenante. Leurs plus illustres philosophes ne croyaient pas que l'imperfection naturelle d'un être raisonnable mais fini suffit à expliquer tout le mal qu'on voit sur la terre. Il est parfois trop profond et sa malice est trop noire pour qu'on puisse l'attribuer à nos seules limites.

— C'est aussi, je me hâte de le dire, sa ferme

conviction et il est demeuré sur ce point, comme
sur tous les autres de quelque importance, fidèle
à la vérité et à vos leçons. Mais son but, veuillez
vous le rappeler, n'était point d'affermir son ancien camarade et son ami dans la foi au libre
arbitre; c'était de lui rappeler à quel point les
grands mots nouveaux, dont je m'effrayais bien à
tort, ne cessent d'être remplacés par d'autres
mots adoptés, puis rejetés par quelques savants,
acclamés puis oubliés par la foule, alors que
l'*ordre hiérarchique* des êtres et des choses est
partout visible dans le monde physique et le
monde moral, et qu'il ne s'y efface jamais. J'aurais craint, bien plutôt, que mon philosophe de
Montmartre, sacrifiant à la fin la réalité à la spé-
culation, ne confondit la liberté avec la pensée et
l'amour, et qu'il n'en fît un seul tout. Quelques
éclaircissements que je lui demandaï me firent
voir qu'il n'en était rien, et qu'il les distingue
autant qu'ils doivent l'être, la pensée et l'amour
donnant lieu à la liberté de se produire, comme
la sève qui n'est pourtant, dans l'arbre ou dans
l'arbuste, ni la fleur, ni le fruit, n'en est pas moins
nécessaire à leur formation et à leur complet
achèvement.

— Non, mes amis, reprit alors l'ermite, non,
je le vois de mieux en mieux, nous n'aurions
jamais épuisé, si longtemps que nous eussions

écrit et pensé, l'inépuisable question de la liberté, et notre Revue « *La Liberté morale* » eût-elle duré vingt ans, la matière n'aurait pas manqué à ses rédacteurs. Quels rapports étroits, par exemple, de la liberté dans l'homme à la liberté de Dieu, et comme ces liens si faciles à détendre qui unissent en nous la pensée, l'amour et la liberté, nous aident à concevoir l'immuable, l'indissoluble union de ces trois attributs dans les profondeurs de son Être ; comme ils nous éclairent sur la nature de sa volonté ! Ni le caprice, ni l'arbitraire, au sens où l'entendent les hommes, n'y ont la moindre part. A l'amour infini, à la pensée infinie s'adapte d'elle-même une Liberté infinie, et, pour reprendre votre comparaison de tout à l'heure, si elle peut ici trouver sa place, la sève la plus riche, la plus pure, la sève intarissable de la sagesse éternelle, engendre éternellement un fruit délicieux, la Liberté divine qui n'est plus assurément la Sagesse, mais dont les vertus renferment toutes ses vertus.

Revenons à l'homme ; nous y voyons la liberté greffée sur la pensée et l'amour comme le jeune bourgeon sur une tige vigoureuse (je suis et j'étends votre comparaison), recevoir d'eux les sucs nourriciers qui la développent et porter toutefois des fruits qui lui appartiennent; ces actes de vertu qui rapprochent l'homme de Dieu autant

qu'il peut l'être. N'ont-ils pas, comme l'Acte
divin lui-même, leur point de départ dans l'amour
et dans la pensée? Leur fin dernière n'est-elle
pas de réaliser une partie de ce Bien dont Dieu
enferme en lui la plénitude? Par l'effort de la
volonté droite nous devenons, en effet, dans la
mesure et les proportions que comportent nos
limites, ce que Dieu est par essence. Les Stoïciens disaient de leur sage qu'il rivalise de
bonheur avec les dieux, puisque de lui-même
et par l'énergie de sa volonté il se fait ce qu'ils
sont. Cela serait plus vrai de l'homme de bien et
surtout du chrétien. Nourri des pensées les plus
hautes puisées dans la doctrine de l'Église, fortifié par le gage mystérieux d'amour que le Christ
nous a laissé la veille de sa mort, il est prémuni,
dans l'acte quasi-divin de la liberté, contre l'or-
gueil philosophique par le sentiment profond du
peu que nous sommes au regard de Dieu tout-
puissant, par le souvenir de ce qu'il doit de
reconnaissance et d'amour au Verbe Rédempteur.

La grandeur infinie de Dieu éclate, qui en
doute, dans les splendeurs de ce Cosmos où tout
est, dans l'ensemble et dans les moindres détails,
si bien ordonné, si imposant, si magnifique ; mais
peut-être qu'on la découvre encore mieux et qu'il
y a plus de beauté dans ce concours à la fois évi-
dent et mystérieux de la créature et du Créateur,

chaque fois que se produit un acte de bon vouloir.
Cette condescendance de l'Être suprême, cette
parcelle qu'il nous remet de son pouvoir souve-
rain, cette liberté qu'il nous laisse de nous asso-
cier ou de nous refuser, de nous opposer même à
ses desseins, n'enlève rien à sa toute puissance.
Il semble plutôt que si Dieu n'était pas immuable
et éternellement ce qu'il Est, tant de renonce-
ments, de sacrifices, de dévouements, en un mot
d'actes bons produits par la liberté de l'homme,
répondant à l'appel de Dieu, s'ajouteraient plutôt
au Bien suprême qu'ils ne lui raviraient la plus
faible portion de lui-même. Quelque chose man-
querait à l'univers, si ce concours n'existait pas,
s'il n'y avait pas, entre la Nature soumise à des
lois inflexibles, à un déterminisme absolu et Dieu,
Liberté parfaite, notre liberté à nous avec ses
imperfections et sa grandeur, avec sa soumission
et son indépendance. L'ordre hiérarchique que
notre philosophe de Montmartre rétablit avec
tant de raison dans ses droits exige qu'il en soit
ainsi. Bien loin de troubler l'harmonie du monde
et d'y introduire un élément étranger, notre
liberté l'achève ; elle y comble une lacune au lieu
d'y porter la confusion. La Création serait, sans
elle, une œuvre incomplète.

Et après un court silence interrompu seulement
par le chant d'un petit oiseau qui, sur un arbre

voisin, gazouillait quelque adieu au soleil d'automne :

Ces pensées j'aimais autrefois, j'aime encore, — car je ne cesserai d'enseigner qu'en cessant de vivre, et je me suis fait, dans ma retraite, le maître des petits et des humbles, des préférés du Christ, des enfants du peuple, — à les exposer à mes élèves, à les leur faire accepter, en les exprimant dans les termes les plus simples. C'est vous, mes amis, qui m'avez conduit à hausser peu à peu le ton de mon discours, et j'avoue que le sujet y prête par son importance et sa grandeur.....

Sicelides Musæ, paulo majora canamus [1]

murmura faiblement, avec plus ou moins d'à-propos, une voix qui ne se prodiguait plus.

..... J'employais, pour bien les convaincre que nous possédons, dans la vie morale, la libre disposition de notre vouloir éclairé par la raison, fortifié par la prière, toutes les ressources de ma vieille expérience des hommes et des choses, tout ce que m'ont appris à moi-même la cons-

---

[1] Virgile, Eglogue IV.
Abordons des sujets plus grands, plus relevés,
O Muses de Sicile.

cience, la raison, la Nature, l'histoire. Je leur
faisais voir ce qui se passe là où la liberté n'est
pas du tout, dans le monde matériel, et comment
elle est en Dieu, sans réserve et sans limites.
Nous en découvrions l'ébauche, la grossière
image chez les animaux, et parvenus à l'homme,
nous avions moins de peine à comprendre comment sa liberté s'harmonise avec toute sa per-
sonne faite de corps et d'esprit, avec son caractère
d'être fini, mais directement éclairé par la lumière
infinie. Nous voyons, d'autre part, les sciences
devenir moins précises et leurs affirmations moins
absolues, à mesure qu'elles remontent vers
l'homme et qu'un élément nouveau, d'ordre pu-
rement humain, s'y introduit : la *biologie* déjà,
parce que, au fond, elle ne sait rien du principe
et des origines de la vie, la *sociologie* ou *poliolo-
gie,* la *politique* proprement dite, l'*histoire,*
parce que la liberté de l'homme y intervient
sans cesse pour donner un démenti formel aux
théories les plus spécieuses, pour bouleverser
l'ordre des événements et confondre toutes les
prévisions.

Surtout, je ne me bornais pas à leur répéter,
dans la forme ordinaire et par trop concise, que
la meilleure et peut-être l'unique preuve de la
liberté, c'est le témoignage de la conscience. Je
les habituais à descendre en eux-mêmes, à cons-

tater par une expérience personnelle de tous les jours, de tous les instants, comment, dans ce flux et ce reflux perpétuel des phénomènes intérieurs, l'âme intervient par sa force propre, pour régler, exciter, contenir. — Voyez, leur disais-je, voici qu'en vous, à un moment donné, les impressions succédaient aux impressions, les images se combinaient avec les images, sans que vous y preniez garde, car votre moi, votre volonté sommeillait, quand, à la fin, une image se présente, et une excitation des sens la suit.....; « assez, dites-vous soudain, c'est assez », et reprenant possession de vous-même vous rompez le courant, et de la vie inférieure où les forces aveugles de la nature se donnaient libre carrière, vous rentrez, parce que vous l'avez voulu, dans la vie supérieure de la raison et de la liberté. La victoire assurément n'est pas toujours sans combat, mais c'est dans ces combats, dans ces luttes intérieures, que se fait mieux voir et sentir, telle qu'elle est, toute la liberté. Indivisible dans le fond de sa nature, autour d'elle les circonstances, les milieux, les influences varient à l'infini ; elle-même ne change point, mais tantôt elle sommeille, tantôt elle reprend l'empire qu'il lui plaît parfois d'abdiquer de nouveau.

Ai-je réussi à fortifier, car tout est là, chez la plupart de mes jeunes élèves, le sens du monde.

intérieur, à le rendre plus pénétrant, à leur prou-
ver qu'ils sont libres, en les exerçant à saisir, au
moment même où il se produit, à prendre sur le
fait l'acte de la liberté, à le dégager de tout ce
qui le précède et le suit, en y distinguant la part
de l'homme et celle de Dieu, celle des auxiliaires
et celle des obstacles. Je l'espère un peu, et
pourtant ni moi, ni tous les maitres de philosophie nous ne ferons pas avec toute notre bonne
volonté, avec les meilleures méthodes et les
preuves les plus convaincantes que la question de
la liberté ne soit une de celles qui, définitivement
fermées et pourtant toujours ouvertes, donnent
lieu à des polémiques interminables, font éclore
des livres, des Mémoires, des Études parfois
d'une grande valeur et dont le nombre s'accroît
d'année en année. D'où vient cette contradiction
au moins apparente? Comment l'expliquer? Faut-il
donc croire qu'à vouloir comprendre, au sens
absolu de ce mot, le monde et la pensée, les
choses et l'esprit qui les conçoit, on ne réussit
qu'à faire naître des *antinomies* irréductibles,
comme Kant l'a prétendu et comme il en a dressé
la liste.....

— Kant! Kant! ah! ah! ah! Lui, d'abord, l'hon-
nête homme, mais peu ou point mêlé à la vie,
logicien et théoricien de cabinet, puis ses com-
mentateurs, puis ses continuateurs, puis ses tra-

hisseurs, toujours le comprenant et se comprenant
moins bien, puis les malheureux enfants qu'on
nourrit de ces subtilités, de ces entortillements
de vérités écourtées et de sophismes venus à
point, de ces grands mots creux, de ces deux
raisons dont l'une n'a pas raison et l'autre a raison, j'en passe[1]..... Un bon point au *Devoir* enfin

---

[1] KANT (1724-1804) qu'on nomme souvent le philosophe
de Kœnigsberg, oppose, dans l'esprit de l'homme, à la
Raison pure qui n'atteint, selon lui, que des ombres, la
Raison pratique sûre au moins d'une réalité, le *Devoir*.
Ce devoir va d'abord seul, en attendant le bien et la
liberté qui suivent à la trace. Dieu paraît enfin : encore
pourrait-on, à la rigueur, se passer de lui. (Voir *Critique
de la Raison pratique*, l. II, c. 2, § 8.)
La vérité, c'est que la conscience morale est un tout
parfait dans lequel il n'y a ni avant, ni après, et dont
tous les éléments sont nécessaires les uns aux autres.
L'analyse peut les distinguer, elle n'a pas le droit de les
isoler. Le Devoir n'a plus ni valeur, ni sens, si on le sé-
pare, ne fût-ce qu'un instant, de la liberté et du bien,
c'est-à-dire de Dieu. Quelle que soit sa grandeur il n'a
pas même, dans l'ordre chronologique, le premier rang
qu'on voudrait lui attribuer. Les impulsions, les aspira-
tions instinctives, et si l'on veut, irréfléchies, vers le
bien et le beau le précèdent dans la vie morale. Elles
agissent longtemps avant qu'il ait pris conscience de lui-
même.

découvert après s'être si bien caché depuis l'origine du monde ! Un bon point pour la vraie morale naissant enfin dix-huit siècles après l'Évangile! Encore un bon point pour la petite place qu'on offre à Dieu en troisième classe, tout au bout du train, à condition qu'il se taise et ne fasse point parler de lui. Ah! Ah! La belle, bonne et claire doctrine qu'on enseigne parfois à cette jeunesse et comme elle relèvera bien, quand ils auront grandi et qu'ils se souviendront, la philosophie dans leur estime !.....

Puis répondant à je ne sais quelle divagation de son esprit, ou plutôt pour satisfaire son innocente manie, notre pessimiste de murmurer à demi-voix, en finissant :

« *O imitatores, servum pecus....* »

« Détéstables flatteurs, présent le plus funeste
Que fasse aux grands esprits la colère céleste. »

—..... Que Kant, continua l'ermite, soit ou ne soit pas un de ces grands esprits dont on ne discute pas la valeur, un de ceux qu'on place, sans hésitation, au premier rang des Maîtres de la pensée; qu'il ait fait, avec les intentions les plus droites, plus de mal ou plus de bien, peu nous importe à l'heure présente et dans la question qui nous préoccupe. Du moins pouvait-il au lieu

de multiplier ces antinomies qu'il croyait découvrir entre sa pensée et les objets de sa pensée, les
ramener à l'unique et irréductible opposition de
l'infini et du fini, de Dieu et du monde. Distinct,
absolument distinct de Dieu, le monde dont
l'homme fait partie n'en est pas moins uni à son
auteur par mille liens visibles et invisibles, et il ne
vit que de la vie dont celui-ci renouvelle, à chaque
instant, le bienfait. Cette communication, de quelque nature qu'elle soit, tantôt plus cachée et tantôt plus apparente, au fond toujours mystérieuse,
la constance, la régularité, quelquefois la gros-
sièreté des phénomènes, l'habitude enfin nous la
font oublier dans la vie ordinaire et négliger dans
l'étude du monde physique. Parce que les choses
vont d'un train régulier, sans changement appré-
ciable dans les lois qui les régissent, nous finis-
sons par nous persuader qu'elles ont ainsi été
toutes seules depuis l'origine et qu'elles iront
ainsi jusqu'à la fin des temps, le temps lui-
même n'étant plus qu'un terme assez vague où
notre curiosité s'arrête et s'endort, par une secrète
appréhension de se réveiller, si elle le sondait,
dans l'infini. Ainsi font les habitants d'une île
dont ils connaissent seulement, pour ne les
avoir jamais quittés, les cantons tout à fait intérieurs. Ils nient l'Océan qui les entoure parce
qu'ils n'en ont pas visité les rivages, ni découvert

les horizons sans limites: il leur arrive même de railler ceux qui en parlent.

Pour nous, au contraire, pour tout esprit vraiment philosophique, la réalité de l'Océan n'est jamais l'objet d'un doute: nous y croyons aussi bien à l'intérieur de l'île que sur ses rivages. Au cœur des plus vastes continents, un nuage, une vapeur, le mince filet d'eau d'une humble source, nous rappellent que venus de la grande mer ils leur tarde d'y retourner. Ainsi du monde physique, et ainsi du monde moral par rapport à Dieu, avec cette différence qu'invisible et présent dans l'un comme dans l'autre, il se dérobe sous des voiles moins transparents dans les phénomènes de la Nature où nombre de savants ne le voient pas, parce que leur regard n'a pas la puissance de les percer. Ils s'imaginent que ces sciences dont l'étude les absorbe peuvent se constituer et qu'elles s'achèveront, tôt ou tard, sans nul recours à Dieu, et sans qu'on ait seulement soupçonné sa présence: semblables en cela aux insulaires dont nous parlions, qui, n'ayant jamais vu la mer, n'y croient pas et affirment qu'elle leur serait d'ailleurs parfaitement inutile, les pluies du ciel, l'eau des fontaines suffisant, et au-delà, à leurs besoins.

L'illusion qui abuse parfois les savants dont chacun, en général, ne cultive qu'un domaine de peu d'étendue par rapport à l'immensité du savoir universel, cette illusion ne saurait égarer les philosophes. Les plus petits, les plus ordinaires des phénomènes de l'âme, soit que nous creusions jusqu'à leurs dernières racines, soit que nous les admirions dans leur plein épanouissement, soit enfin, que nous les étudiions dans leurs rapports avec l'ordre moral tout entier, ces phénomènes nous conduisent directement à Dieu. A plus forte raison les questions capitales qui ont l'amour, la raison, la vie, le temps, l'espace, la liberté pour objet, si par un de leurs aspects elles rappellent les sciences de la Nature, si ce qu'elles ont de fini persuade à quelques-uns qu'ils en sauront la fin, en revanche par celle de leurs faces qui regarde l'infini elles nous font entrevoir des abîmes, des profondeurs insondables. On peut tout dire de leurs limites puisqu'elles n'en ont pas, se fatiguer à d'incessants et interminables calculs parce que la loi du nombre n'est pas leur loi, multiplier les raisonnements, les fortifier, les recommencer sans fin, parce que le raisonnement les effleure à peine et qu'elles le dépassent infiniment.

La conscience, il faut toujours en revenir là, l'expérience, la raison, l'histoire nous révèlent de l'amour, de la sagesse, de la liberté de Dieu tout ce qu'il nous importe d'en connaître, et de là vient que les grandes vérités de l'ordre moral sont abso-

lument certaines, qu'on peut en parler avec
connaissance de cause, qu'on peut les démontrer
à nos jeunes élèves. Mais ce dernier mot de la
pensée, de l'amour, de la liberté que notre curiosité voudrait savoir, — et qui peut l'en blâmer? —
ces questions dont les philosophes disputent, depuis tant de siècles, que nous songions à soulever
et à traiter à notre tour dans la *Liberté morale,*
ces rapports du fini et de l'infini, de la Création et
du Créateur, qu'on souhaite d'évaluer aussi exactement qu'on détermine ceux de deux corps, de
deux angles, de deux lignes, on en parlera, on en
disputera, tant que Dieu ne se sera pas révélé à
nous *face à face, facie ad faciem.* Méritons, mes
chers élèves, mes amis, par le bon usage de la
liberté morale, de savoir un jour tout ce qu'est en
soi, dans son principe et sa perfection, cette liberté
dont la certitude nous est prouvée par l'observation de nous-mêmes, dont la direction est en
nos mains, mais qui, mieux que le Nil, dérobe à
nos regards, dans le sein de Dieu, sa source éternellement féconde.

C'est sur ces dernières paroles de notre vénéré
Maître que se termina l'entretien; je ne me doutais guère alors, à le voir si plein de vie et de
santé, sous sa belle couronne de cheveux blancs,
que je l'entendais pour la dernière fois. Lui-même
voulut bien nous reconduire, son jeune parent et

moi, jusqu'à la station des bateaux, assez éloignée
de son ermitage. Un peu de causerie agréable
remplaça, durant le trajet, mes réflexions soli-
taires du matin, mais ne dissipa point les souvenirs que je m'empressai d'ailleurs de fixer le soir
même en quelques notes rapides.

DU MÊME AUTEUR

CHEZ PEDONE-LAURIEL, ÉDITEUR,

13, Paris, rue Soufflot, 13

De l'Esprit et de l'Esprit philosophique, 1 vol. in-12, avec une Introduction générale.

De la Pensée, 1 vol. in-12.

Notes et réflexions (Pensées et portraits), 1 vol. in-12.

L'Histoire et la Pensée, 1 vol. in-12.

Les Principes de la philosophie morale, 1 vol. in-18.

L'Ombre de Socrate, 1 vol. in-12.

POUR PARAITRE EN MARS 1895 :

La Cité Chrétienne, nouvelle édition en deux volumes qui pourront s'acheter séparément.

PREMIER VOLUME :

Au Tombeau d'Œdipe. — L'Avant-garde de la Cité chrétienne. — Un Missionnaire à l'École normale. — Les trois Visions de Saint-Bruno. — L'auteur de l'Imitation. — L'Imitation et Pierre Corneille. — Le médecin de Granville. — Une journée à Domrémy. — Le chant des arbres. — Notre-Dame du Hêtre. — Le Convoi d'un enfant. — La baie d'Akaroa. — Méditation dans une église inachevée. — Pionniers et Cités naissantes. — L'Exilé lorrain. — La Tentation, la Chute. — Rêves et Réalités. — Le sommet de la Cité chrétienne. — Un Cycle religieux (1802-1878).

DEUXIÈME VOLUME :

Le Songe de Platon. — L'Angelus. — La Naissance d'une philosophie. — La loi de l'expiation. — Le Temps et l'unité de Temps. — L'Espace et la Matière. — Plaisir et douleur ; Joie et Tristesse. — Au Mont Saint-Michel. — Le Beau et l'Ame humaine. — L'Art dans la Cité chrétienne. — Montmartre : les Origines de l'universelle architecture. — Montmartre : Jusqu'au seuil du sanctuaire. — L'Ermite d'Auteuil.

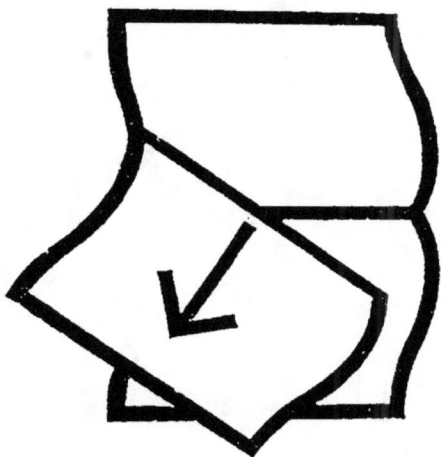

Documents manquants (pages, cahiers...)
NF Z 43-120-13

www.ingramcontent.com/pod-product-compliance
Lightning Source LLC
LaVergne TN
LVHW022019080426
835513LV00009B/796